# L'apiculture racontée aux amoureux de la nature

# Avant-propos

Des livres sur l'apiculture, il y en a déjà beaucoup. Ils expliquent, souvent très bien d'ailleurs comment commencer ce hobby ou comment se perfectionner. Le plus souvent, ce sont des livres décrivant les techniques apicoles à l'usage des apiculteurs.

Apiculteur depuis plus de vingt ans, je constate que l'apiculture bénéficie d'une immense sympathie auprès du grand public. Les gens sont curieux de savoir quel est l'état sanitaire des abeilles et posent aussi beaucoup de questions sur la vie de la colonie et le travail de l'apiculteur.

C'est ainsi que m'est venue l'idée de ce livre, orienté vers le grand public intéressé par la nature et les abeilles. Il est basé sur les questions que l'on me pose le plus souvent, les questions de base et aussi bien sûr celles que j'ai rajoutées pour tenter d'être complet tout en restant didactique.

J'espère que vous trouverez autant de plaisir à lire cet ouvrage qui vise à populariser l'apiculture que j'en ai à discuter avec les personnes qui viennent acheter le miel de mes abeilles.

# Table des matières

# Partie 1 : L'abeille

## C'est quoi une abeille ?

Une abeille est un insecte. Plus particulièrement un hyménoptère. Cela signifie qu'il est composé de trois parties : la tête, le thorax et l'abdomen. Le thorax et l'abdomen sont reliés par un fin canal ce qui a donné lieu à l'expression « taille de guêpe ».

L'abeille a une tête pourvue de grands yeux à facettes qui peuvent voir dans toutes les directions, de mandibules et d'une langue extensible qui peut aspirer du liquide.

L'abeille est munie de deux paires d'ailes et de six pattes.

L'abeille est un insecte social. Cela signifie qu'une abeille ne peut pas survivre seule.

## Quels sont les habitants de la ruche ?

Il y a trois types d'habitants dans une ruche :

- tout d'abord, la reine qui est seule de son type.
- ensuite, les ouvrières qui sont des femelles.
- finalement, les faux-bourdons qui sont des mâles.

Ces trois habitants se distinguent les uns des autres par leur morphologie et par le rôle qu'ils jouent dans la colonie.

- La taille :

La reine mesure environ 18 mm, tandis que l'ouvrière est plus petite et mesure 12 mm. Le faux-bourdon a une taille de 14-15 mm et est beaucoup plus large et doté de grands yeux.

- Le rôle de la reine : la reine est le seul habitant de la ruche qui a été fécondé. C'est donc elle qui va assurer la ponte d'œufs pour la reproduction de l'espèce. Elle peut pondre des œufs fécondés qui donneront naissance à des ouvrières ou des œufs non fécondés qui donneront naissance à des faux-bourdons. La reine assure aussi la cohésion de la colonie. La reine est incapable de se nourrir seule. Elle est toujours accompagnée d'une cour qui la nourrit et la toilette.

- Le rôle des ouvrières : les ouvrières vont jouer plusieurs rôles durant leur existence en fonction de leur âge. Dès sa naissance, l'ouvrière va s'atteler au nettoyage des cellules, ensuite elle va devenir nourrice et alimenter les larves. Ensuite, elle va s'occuper des soins apportés à la reine et puis aux ouvrières. Par la suite, elle va alimenter les abeilles adultes. Enfin, elle va remplir le rôle de ventileuse et ensuite de cirière. Elle se consacre plus tard au stockage du nectar et du pollen avant de devenir gardienne à l'entrée de la ruche. Son dernier rôle qui va durer jusqu'à la fin de sa vie sera de butiner à l'extérieur de la ruche.

- Les faux-bourdons : Ce sont les seuls habitants mâles de la colonie. Ils n'ont qu'un seul rôle celui de reproducteur. A part cela, ils ne font rien. Ils sont nourris par les ouvrières pendant environ huit jours et ensuite, ils subviennent seuls à leurs besoins en mangeant du miel. Ils apparaissent au début du printemps et seront chassés de la ruche au début de l'automne quand leur rôle de reproducteur prend fin.

## Quelle est la différence entre un bourdon et un faux-bourdon ?

Le faux- bourdon est le mâle de l'abeille. Comme nous venons de l'étudier, il est plus gros qu'une abeille et n'est présent dans la ruche qu'au printemps et en été, périodes où il joue son rôle de reproducteur.

Le bourdon est une espèce différente de l'abeille. Il fait partie comme l'abeille des apidés mais à un mode de vie très différent notamment dans sa stratégie pour passer l'hiver. Chez les bourdons, seules des reines fécondées passent l'hiver en hivernant dans une cachette pour se réveiller au printemps et fonder une nouvelle colonie. Au début, la reine assume tous les rôles – ponte, recherche de pollen et nectar, élevage – pour finalement être secondée par des ouvrières et donner naissance en fin de saison à des mâles qui vont féconder les jeunes reines qui à leur tour vont perpétuer l'espèce.

Il existe plusieurs sortes de bourdons de taille et de couleur différentes.

## La durée de vie d'une abeille

En fait la durée de vie d'une abeille varie en fonction du type d'abeille et de la saison.

Commençons par la reine. C’est elle qui a la durée de vie la plus longue : de quatre à cinq ans. Généralement, les apiculteurs ne la laissent pas vivre aussi longtemps, principalement pour des raisons de productivité, car sa ponte va diminuer au fil des années et elle va avoir une tendance plus grande à essaimer. En dehors de la ponte, la reine assure aussi la cohésion de la colonie en dégageant des phéromones.

Les faux-bourdons : ils ont une vie beaucoup plus brève de l’ordre d’une quarantaine de jours. Ils atteignent leur maturité sexuelle vers leurs quinze jours d’existence mais ne peuvent s’accoupler qu’à partir de trente jours.

L’ouvrière : sa durée de vie du printemps jusqu’à l’automne est de l’ordre de six semaines. Durant la première moitié de sa vie, l’abeille vit à l’intérieur de la ruche où elle occupe différents rôles. À partir de trois semaines, l’abeille ouvrière devient butineuse. Elle sort alors de la ruche et vole de fleur en fleur pour ramener du pollen et du nectar à la ruche. À partir de l’automne, le métabolisme de l’abeille ouvrière va changer, car il y aura de moins en moins de naissances dans la colonie en raison de la diminution de ponte de la reine. Cela a une influence sur la proportion de corps gras de l’ouvrière qui va voir sa durée de vie augmenter pour atteindre six mois Les ouvrières qui naissent à partir du mois d’octobre sont appelées les abeilles d’hiver. Ces abeilles d’hiver à durée de vie prolongée sont très importantes, car elles permettent la survie de la colonie durant les mois froids. Ce sont elles aussi qui vont assurer le rôle de nourrice pour les premières abeilles naissant à la fin de l’hiver et qui assureront à leur tour la reprise du cycle normal.

## C’est quoi un insecte social ?

Un insecte social est un insecte qui vit en groupe et montre une intelligence collective par son comportement. La vie grégaire des insectes sociaux génère des retours positifs pour l’ensemble de la colonie.

Ces bénéfices sont la chaleur, la protection, la reproduction, un comportement social évolué …

Les insectes sociaux sont les fourmis, les termites, certaines sortes d’abeilles et de guêpes.

Dans l’organisation des insectes sociaux, la communication joue un rôle essentiel et est assurée par les phéromones.

## Comment les abeilles communiquent-elles ?

Les abeilles communiquent entre elles par l’échange de phéromones.

Les phéromones sont des substances chimiques émises par chaque membre de la colonie : la reine, les ouvrières, les faux-bourdons et même par le couvain.

Ces phéromones sont produites par des glandes. On parle généralement des phéromones au pluriel, car il y a plusieurs types de substances émises selon l’individu qui la produit et le rôle que cette phéromone induit.

Dans le langage courant, les apiculteurs utilisent souvent le mot odeur (de la ruche, de la reine) au lieu de phéromones.

## Les différents types de phéromones :

*Phéromone de cohésion sociale*

La reine produit une phéromone de cohésion sociale. Cette substance chimique dit aux abeilles de nourrir la reine, de la lécher et de la toiletter.

Cette phéromone qui se répand sur les abeilles, assure une cohésion dans la colonie et indique l'appartenance de l'individu à la colonie. Elle permet de contrôler à l'entrée si l'abeille qui rentre appartient à la colonie.

Une reine vieillissante produit moins de phéromones et cela est une des raisons qui expliquent les remplacements de reine dans les colonies.

En cas d'augmentation très forte de la population, la reine a plus de mal à imposer son odeur en périphérie de la colonie. Cela explique pourquoi les premières cellules royales d'essaimage se trouvent le plus souvent sur des cadres en bordure du couvain.

Quand on introduit une nouvelle reine dans une colonie, on a très souvent recours à une cagette d'introduction. Cette cagette munie d'un bouchon de candi permet aux abeilles de s'habituer aux phéromones de la nouvelle reine pendant le temps de grignotage du candi.

Au contraire si vous introduisez une nouvelle reine dans une colonie qui n'est pas orpheline, la nouvelle reine sera systématiquement tuée, car elle porte une odeur qui n'est pas conforme à celle de la ruche.

*Phéromones d'alarme et d'attaque :*

Quand un danger menace la colonie, les abeilles déclenchent des phéromones d'alarme. Cette menace peut être une personne qui s'approche, un geste brusque ou l'arrivée d'un ennemi comme un frelon. Cette phéromone crée un état d'alerte parmi les membres de la colonie.

Quand l'apiculteur utilise son enfumoir, il masque cette odeur et induit chez l'abeille un comportement d'absorption de miel ce qui les calme.

Quand une abeille se sent fort menacée, elle sort son dard et passe à l'attaque. Le dard traverse l'épiderme de l'assaillant et se décroche de l'abdomen de l'abeille qui meurt. Si vous observez un dard, vous constaterez que même détaché de l'abeille, il est muni de deux poches qui continuent à s'activer. Ce sont les poches à venin qui continuent à injecter leur produit. En même temps, ces poches produisent des phéromones d'attaque qui attirent d'autres abeilles qui chercheront à vous piquer. Souvent la fuite est la seule solution pour éviter les piqûres et même ainsi les abeilles vous poursuivront.

*Phéromones sexuelles :*

Pour être fécondée, la reine vierge effectue un vol nuptial. À cette fin, elle doit retrouver le lieu de rassemblement des mâles. C'est grâce aux phéromones émises par ces derniers qu'elle va pouvoir rejoindre son rendez-vous galant.

À son tour, les phéromones sexuelles qu'elle émet va permettre aux mâles de l'identifier et de la suivre pour la féconder et assurer la continuité de l'espèce.

*Phéromones de rappel :*

À l'occasion de l'essaimage, la moitié des abeilles quittent la ruche avec la reine. Elles trouvent un endroit pour se poser. Les premières ouvrières qui rejoignent l'endroit battent le rappel. À cette fin, elles utilisent leurs glandes de Nasanov qui produit une phéromone attirant les abeilles de l'essaim qui traînent.

Quand vous attrapez l'essaim, le même phénomène se déroule au moment de la mise en ruche. Vous pouvez observer les ouvrières qui battent le rappel sur la planche d'envol.

**Comment se propagent les phéromones**

La transmission des phéromones au sein de la ruche s'effectue par les moyens suivants :

•**la trophallaxie :** il s'agit d'un échange de nourriture entre individus. À la longue, les phéromones sont présentes partout dans la ruche

•**le contact :** l'odeur de la ruche imprègne toutes les abeilles. La reine diffuse aussi des phéromones par ses pattes en parcourant la ruche pour pondre

•**la transmission dans l'air :** dans et en dehors de la ruche, les phéromones se diffusent dans l'air. C'est le cas des phéromones d'alerte et des phéromones sexuelles.

## Connaissez-vous la danse des abeilles ?

Vous vous êtes certainement demandé comment les abeilles communiquaient les nouvelles sources de butinage ainsi que leur localisation. Cette communication à lieu à l'intérieur de la ruche par une danse effectuée dans le noir et qui renseigne leurs sœurs sur la nouvelle source de butinage. Une fois de plus l'ingéniosité des abeilles et de la nature est formidable.

### a. La danse en rond :

Cette danse à lieu dans le cas d'une source de butinage proche de la ruche, généralement à moins de 100 m.

Cette danse très simple ne fournit aucune indication de direction mais simplement l'odeur de la fleur et sa proximité.

### b. La danse en huit :

Pour une source plus éloignée, l'abeille qui a rejoint la ruche fait une danse en huit c'est-à-dire un parcours rectiligne suivi d'un demi-cercle pour revenir au point de départ alternativement par la droite et puis par la gauche. Durant le parcours rectiligne, l'abdomen de l'abeille frétille. Comme pour la danse en rond, l'odeur de l'abeille renseigne la fleur visitée mais la danse frétillante donne d'autres indications concernant la direction et l'éloignement.

La direction est donnée par l'angle que forme le parcours rectiligne avec la verticale. Cet angle rapporté à la direction du soleil à la sortie de ruche donne la direction à suivre.

L'information de distance est déduite de la fréquence de frétillement. Au plus la danse est rapide, à la plus courte la distance avec la source de nectar ou de pollen.

Au vu des quantités de miel rentrées durant la miellée, le système semble efficace.

## Combien d'abeilles dans une ruche ?

C'est une question qui est souvent posée et généralement, les gens sont impressionnés par le nombre d'abeilles qui sont présentes dans une ruche.

Ce nombre est variable selon la saison.

Durant l'hiver, il y a entre 25 000 et 30 000 abeilles dans une colonie qui va connaître au printemps un développement extraordinaire. À la fin du printemps, le nombre d'abeilles va osciller entre 60 000 et 70 000 abeilles soit plus du double.

Ne perdez pas de vue que ces chiffres représentent le nombre d'individus appartenant à la colonie à un moment donné. Si vous considérez qu'une ouvrière à cette saison ne vit que six semaines, il faut considérer que entre janvier et fin mai, la population sera renouvelée trois fois. Il y aura eu plus de 100 000 naissances dans la colonie sur cette période de l'année.

Un véritable exploit. C'est en réfléchissant quelques secondes à ces chiffres que l'on perçoit le miracle du développement printanier d'une colonie d'abeilles au printemps. Il s'agit en fait d'une question de survie.

Dans un pays comme la Belgique, l'abeille ne fait des réserves que pendant la belle saison qui s'écoule du mois d'avril jusqu'à la mi-juillet soit environ trois mois et demi. Pendant cette courte période, la colonie doit amasser des réserves pour tenir jusqu'au printemps suivant. Elle ne peut y parvenir qu'en créant des bataillons de butineuses durant la belle saison. Mais dès que cette période d'abondance est passée, la reine réduit sa ponte et la population d'abeilles va diminuer fortement pour économiser les provisions mises en réserves. Un bel exemple de l'adaptation des abeilles au climat au fil des siècles.

## Combien pèse une abeille ?

Une abeille pèse un dixième de gramme. C'est une mesure facile à retenir et bien pratique pour estimer le nombre d'abeilles dans un essaim. Un essaim de trois kilos est donc constitué de trente mille abeilles.

Quand on prend en compte le poids de l'abeille, on comprend facilement qu'elle n'aime pas le grand vent.

Une abeille est capable de transporter de 30 à 60 millilitres de nectar ce qui fait à peu près la moitié de son poids. Elle constitue un transporteur aérien de qualité. Sachant que le nectar est constitué pour une grande partie d'eau qui devra être évaporée dans la ruche vous pouvez calculer qu'il faudra environ trente mille voyages pour produire un kilo de miel.

# De quoi se nourrit une abeille ?

Pour se nourrir, l'abeille a deux ressources à sa disposition : le nectar et le pollen des fleurs.

## Le nectar

Le nectar est un liquide sucré que produisent les fleurs pour attirer les insectes pollinisateurs. Il n'a pas de fonction pour la fleur. En attirant les insectes, ceux-ci se chargent de grains de pollen mâles qu'ils vont déposer sur les organes femelles des fleurs et procéder ainsi à la fécondation des fleurs qui pourront donner des fruits. Mais revenons au nectar qui est donc un liquide sucré avec un taux de sucre variable entre 30 et 80 % selon les fleurs et les conditions climatiques. Les abeilles aspirent le nectar avec leur langue et l'entreposent dans le jabot qui est une espèce d'estomac. Elles vont ramener ce nectar à la ruche où il sera transmis aux jeunes abeilles qui vont le stocker dans des alvéoles.

Le passage par le jabot n'est pas neutre. Dans cette poche, il est en contact avec des enzymes qui vont modifier la structure chimique du liquide et le transformer en miel. Ce processus continue dans l'alvéole. Pour que le nectar devienne du miel, il faut aussi diminuer la concentration en eau du nectar. Les abeilles vont y parvenir grâce à la température de la ruche qui est aux alentours de 35 °C ce qui permet l'évaporation de l'eau. Ce phénomène va être favorisé par les ventileuses qui organisent un courant d'air à travers la ruche à l'aide de leurs ailes. Il est possible de les voir sur la planche d'envol lorsqu'elles font rentrer de l'air sec qui va se charger en eau au contact du miel et être renouvelé par les abeilles.

Une fois que le taux d'humidité du miel descend en dessous de 18 % – il peut en fait descendre jusqu'à 15 % des années très sèches – les abeilles vont operculer l'alvéole en la fermant avec une capsule de cire nommée opercule. Cette opération empêche le miel de se réhydrater. Au-dessus de 18 % d'humidité, le miel fermente et devient impropre à la consommation.

## Le pollen

L'autre élément nutritif dont dispose l'abeille est le pollen.

La fonction première du pollen est d'assurer la fécondation des fleurs au cours de la reproduction sexuée des plantes à fleurs. Le pollen, produit par les étamines des fleurs, est une fine poussière qui lorsqu'elle entre en contact avec le pistil fécondera l'ovule pour donner une graine ou un fruit.

La fécondation peut se faire par simple contact généralement favorisé par les hyménoptères (bourdon, abeilles et abeilles solitaires …) ou par l'intermédiaire du vent (pollinisation anémophile).

Il en va dans la nature comme dans la vie, rien n'est gratuit. L'abeille en se chargeant de la pollinisation au profit de la plante, prélève son dû : du pollen et du nectar qu'elle ramène à la ruche où ils seront stockés comme réserve de nourriture.

Alors que le nectar apporte des glucides, le pollen est une source de protéines indispensables à la nourriture du couvain.

**La récolte du pollen par l'abeille :**

L'abeille est attirée par la couleur et l'odeur des fleurs. Elle cherche une source importante à proximité de la ruche, en cherchant à optimiser le rapport quantité et distance. Deux ruches voisines ne récolteront pas nécessairement du pollen de fleurs identiques.

L'abeille pour récolter du pollen visite les fleurs qui l'intéressent. Elle se frotte au pollen qui est légèrement collant et ensuite à l'aide de ses pattes fait passer le pollen de l'avant vers l'arrière. L'abeille possède aussi des poils sur ses pattes arrières, qu'elle utilise comme des peignes pour accumuler le pollen en boule et le rassembler dans des sacs à pollen sur ses pattes arrières.
De retour à la ruche, ces boules de pollen vont être stockées dans des alvéoles proches du couvain pour pouvoir être utilisées pour nourrir les larves au cours de leur développement.

## Les fleurs et période de production :

La nature dans sa grande générosité étale la production de pollen. La quantité de fleurs à la disposition des abeilles au cours de l'année influence le développement de la colonie. Celui-ci est maximum au printemps et au début de l'été qui sont les périodes où les floraisons sont les plus importantes.

La production de pollen est cependant bien étalée dans le temps puisque, dès le mois de février le perce-neige et le noisetier donnent du pollen. Le lierre et le trèfle fleurissent encore en octobre.

## Comment une abeille butine-t-elle ?

Nous avons déjà vu que les abeilles sont attirées par la couleur et l'odeur des fleurs. Celles-ci sécrètent également du nectar qui est un liquide sucré. Les abeilles pompent le nectar avec leur langue et aspirent cette nourriture liquide dans leur jabot. Une fois que celui-ci est plein, l'abeille retourne à la ruche où elle va transférer le nectar par régurgitation à une jeune abeille qui ira l'entreposer dans une alvéole. Au contact des enzymes présentes dans l'estomac de l'abeille, le nectar va se transformer. Il restera aux abeilles à déshumidifier le nectar en faisant circuler de l'air au travers de la ruche. C'est le travail des ventileuses. Quand la quantité d'eau du miel aura suffisamment diminué – aux alentours de 15 % – le miel sera recouvert d'un couvercle de cire appelé opercule.

# Comment une abeille se reproduit-elle ?

Nous avons vu auparavant qu'il y avait trois types d'individus dans la ruche : l'abeille ouvrière, la reine et le faux-bourdon qui est un mâle. Examinons maintenant comment s'opère leur éclosion.

## L'ouvrière

Nous savons déjà que la reine est à la tête de la colonie et assure la reproduction. La reine pond des œufs dans les alvéoles de cire au centre du nid à couvain. L'œuf d'une taille d'un gros millimètre est déposé par la reine au fond de l'alvéole. La position de l'œuf permet de déterminer son âge. Quand l'œuf est déposé au fond de la cellule, il est en position verticale et garde cette position le premier jour. Le second jour, il s'incline à 45 ° et il est en position horizontale le troisième jour. Il est important de noter que l'œuf qui donnera naissance à une abeille ouvrière est un œuf fécondé. L'œuf éclot pour donner naissance à une larve au bout de trois jours. Les abeilles nourricières déposeront un peu de gelée royale dans la cellule. La larve nourrie avec de la gelée et surtout du pollen va grossir rapidement. Après 8 jours de stade larvaire pendant lequel la larve passe par plusieurs mues, la cellule va être fermée avec un opercule de cire confectionné par les abeilles. À partir de ce moment, la larve devient une nymphe : c'est la métamorphose de l'abeille qui commence pour se terminer après 8 jours. Durant la métamorphose, les différents organes de l'abeille vont se former ainsi que la carapace, les yeux, les pattes et les ailes. L'abeille va éclore toute seule en ouvrant la cellule. Elle est directement opérationnelle dès la naissance. Entre la ponte de l'œuf et la sortie de la jeune abeille, il s'écoule en tout 19 jours.

## La reine

Le matériel génétique qui donne naissance à une reine est strictement le même que celui qui a donné naissance à une ouvrière. La différence entre une reine et une abeille provient uniquement de la nourriture qui est donnée au stade larvaire. Tandis que l'ouvrière reçoit un peu de gelée royale et du pollen, la reine baigne littéralement dans la gelée royale. La gelée royale est produite par les jeunes abeilles qui ont donc un rôle essentiel pour obtenir une bonne reine.

En plus de l'apport de gelée royale à profusion, les abeilles construiront une cellule qui déborde du cadre et qui offre un volume plus grand que la cellule dans laquelle naît une abeille ouvrière. Cette différence résulte de la différence de taille à la naissance entre la reine et une ouvrière.

Le stade larvaire de la future reine dure 7 jours soit un de moins que celui d'une ouvrière. Pourtant la larve de la future reine sera plus grande, car le développement des organes de reproduction chez la reine est plus abouti. Finalement, la cellule royale sera operculée et la nymphose qui est la transformation de la larve en reine ne dure que cinq jours.

Comme l'ouvrière, la reine est pourvue d'un dard qu'elle utilise pour éliminer une autre reine. À l'inverse de l'ouvrière, la reine peut piquer plusieurs fois.

### Le faux-bourdon

L'œuf qui donne naissance à un mâle est non fécondé par la reine. Il est pondu dans une cellule plus large, car le mâle ou faux-bourdon est plus grand qu'une ouvrière. La reine lorsqu'elle pond « mesure » la taille de la cellule et pond à volonté des œufs fécondés dans le cas d'une cellule d'ouvrière ou des œufs non fécondés dans le cas d'une cellule de mâle.

### Durée de développement de chaque individu avant la naissance

| | Reine | Ouvrière | Faux-Bourdon |
|---|---|---|---|
| Oeuf | 3 | 3 | 3 |
| Larve | 5 | 6 | 6 |
| Nymphe | 7 | 12 | 15 |
| Total | 15 | 21 | 24 |

## Comment se passe la fécondation de la reine ?

Nous avons déjà vu comment la reine est née. Durant les premiers jours où elle vit dans la ruche elle diffuse très peu de phéromones.

Elle a donc du mal à s'imposer à la colonie. Elle est peureuse, assez agitée et à plutôt tendance à se cacher.

La période durant laquelle la reine peut être fécondée s'étend du troisième au seizième jour après sa naissance.

La fécondation n'a pas lieu dans la ruche mais en plein vol durant le vol nuptial.

## Le vol nuptial

Les abeilles sont impatientes d'avoir une nouvelle reine en ponte. Si la reine ne prend pas son envol, elles vont la houspiller jusqu'à ce qu'elle se décide. Cela se passe par une belle journée sans vent, aux heures chaudes par plus de 20 °C. La reine sera fécondée en vol par plusieurs mâles, entre cinq et huit. Ensuite, la reine rentre à la ruche. Un deuxième vol nuptial a généralement lieu le lendemain.

La difficulté de l'exercice en plein vol explique pourquoi le mâle, encore appelé faux-bourdon soit si gros. Il est taillé pour la course pour rattraper la reine en plein vol. C'est pour cela aussi qu'il a des gros yeux afin de ne pas rater son « objectif ». Il est immédiatement sanctionné de sa prestation, car son appareil génital est arraché et il se fait hara-kiri en plein vol. Triste destin pour perpétuer l'espèce. Et il n'est même pas sûr qu'il y trouve du plaisir …

C'est aussi une période délicate pour l'abeille. Il faut qu'elle retrouve la ruche. Il arrive aussi qu'un oiseau la gobe pendant son escapade.

### La première ponte

Si tout se passe bien, notre reine fécondée pour sa vie rentre à la ruche. Après quelques jours, elle va commencer à pondre. C'est toujours très émouvant de trouver les premiers œufs.

Le fait de commencer la ponte va de pair avec le développement des phéromones de la reine qui va prendre de l'assurance et s'imposer à sa colonie.

À un rythme de ponte moyen de 1000 œufs par jour pendant six mois cela fait 180 000 œufs par an. Une reine peut vivre jusqu'à quatre ans. La douzaine de mâles a donc donné près d'un million de spermatozoïdes qui sont stockés dans la spermathèque de la reine. Après le vol nuptial, l'abdomen de la reine va se développer.

## Peut-on avoir plusieurs reines dans une ruche ?

En principe, non. Mais, nous allons voir que parfois, deux reines peuvent coexister quelques jours, voire quelques semaines dans la même colonie.

Ce sont en fait les abeilles qui décident du démarrage d'un élevage royal, soit, car elles souhaitent essaimer (cellule royale d'essaimage), soit, car elles veulent remplacer la reine déficiente ou blessée (cellule royale de supersédure), soit qu'il n'y a plus de reine (reine morte – cellule de sauveté).

Quand les abeilles commencent un élevage royal, elles construisent plusieurs cellules royales pour augmenter les chances de naissance.

Quand la première reine va naître, sa première action va être de faire le tour des cellules royales et d'éliminer ses concurrentes.

Les cellules d'essaimage dont la construction démarre avant l'essaimage sont souvent situées à la périphérie de la ruche là où les phéromones royales sont les moins présentes. Il arrive donc que certaines reines en devenir ne soient pas éliminées et que plusieurs reines vierges coexistent. Si elles se rencontrent, un combat s'engage et l'une des deux succombe. Dans l'éventualité où elles ne se rencontrent pas, cela peut donner lieu à des essaimages multiples dont nous reparlerons dans la partie consacrée à l'essaimage.

En cas de supersédure, la coexistence des deux reines a parfois lieu pendant quelques jours.

## Pourquoi les abeilles meurent-elles après avoir piqué ?

Le dard est en fait composé de deux parties avec des barbillons de part et d'autre ce qui fait qu'une fois rentré dans la peau il ne peut plus ressortir. Entre les deux parties munies de barbillons, il y a le tube relié à la poche à venin de l'abeille par lequel est injecté le venin.

Le dard est donc en fait une sorte de harpon qui une fois rentré dans la chair ne peut plus ressortir. Souvent la glande à venin reste attachée au dard et l'abdomen de l'abeille est ainsi déchiré ce qui la condamne à une mort rapide.

Si on compare l'abeille avec une guêpe, on constate que le dard de la guêpe est lisse et ne reste pas dans la chair. La guêpe survit donc à la piqûre et peut par conséquent piquer plusieurs fois.

## Que faire en cas de piqûre d'abeille ?

Souvent quand le dard reste dans la peau, vous y retrouverez accroché la poche à venin qui palpite encore et envoie du venin dans votre corps. Il faut la retirer pour réduire la quantité de venin inoculé. Ne prenez surtout pas la poche avec vos doigts, car vous injecteriez tout le poison en une fois. Retirez-la d'un mouvement latéral avec un objet plat comme un carte de banque ou l'envers d'une lame de couteau.

## Le venin d'abeille est-il dangereux ?

Malheureusement, il faut répondre oui.

Les piqûres d'abeilles sont douloureuses et donnent lieu à une injection de venin sous la peau. En cas de piqûre dans les muqueuses ou dans l'œil, la diffusion est plus rapide.

Trois types de réaction sont possibles :

### a. une réaction locale

La piqûre est douloureuse et s'accompagne de rougeurs et d'un gonflement qui disparaît après deux jours. Les piqûres au visage donnent lieu à de gros œdèmes. Les piqûres au cou ou à la bouche peuvent donner lieu à une sensation d'étouffement.

### b. une réaction toxique

Cette réaction dépend de la quantité de venin injecté. À partir d'une vingtaine de piqûres, la réaction toxique est possible. La réaction locale va s'accompagner de vomissements, diarrhée, maux de tête et chute de tension. La consultation d'un médecin est nécessaire.

### c. le choc anaphylactique

Le choc anaphylactique est une réaction allergique qui ne dépend pas de la quantité de venin. Une seule piqûre suffit. Les symptômes sont les suivants : urticaire généralisé, œdème, gonflement, démangeaisons. Des difficultés respiratoires avec gonflement de la langue, œdème du pharynx et oppression thoracique. Chute de la tension, vomissements, pertes de connaissance et vertiges. La réaction allergique peut entraîner la mort et l'intervention des secours est nécessaire de toute urgence pour faire une piqûre d'adrénaline.

# Partie 2 : Les produits de la ruche

Les produits de la ruche sont les suivants : bien entendu le miel ensuite le pollen, la propolis, la gelée royale et la cire.

# Les bienfaits du miel

Le miel est un produit 100 % naturel. Il est produit par les abeilles au départ du nectar de fleurs qui est transformé par des enzymes pour devenir du miel. Les abeilles assurent aussi l'évaporation de l'eau contenue dans le nectar.

L'apiculteur ne fait que récolter le miel sans lui ajouter ni retirer aucun composant, c'est d'ailleurs interdit par la loi. La qualité du miel est donc dépendante du milieu dans lequel il est récolté.

## 1. Le miel contient des sucres intéressants :

Le miel est composé principalement de sucres, mais des sucres peu raffinés. Par opposition au sucre de table qui est du saccharose, le miel contient principalement du glucose et du fructose. À ce titre, la consommation de produits peu raffinés est bénéfique pour la santé ainsi que vous le confirmeront les nutritionnistes.

Le miel doit cependant être consommé avec modération par les personnes surveillant leur poids, car il est très calorique. Pour les sportifs par contre, c'est un produit énergisant de qualité.

## 2. Le miel pour combattre les infections :

Le miel est antiseptique et aide à combattre les infections d'une manière générale. Ce n'est évidemment pas un antibiotique, mais il favorise la lutte contre les affections des voies respiratoires.

Si vous avez un rhume, une tisane de thym avec un jus de citron et deux cuillerées de miel est souverain.

## 3. Le miel, un anti-oxydant :

Le miel contient des anti-oxydants. Ceux-ci sont recommandés pour préserver votre santé et renforcer vos défenses immunitaires.

## 4. Le miel comme adjuvant énergétique pour les sportifs :

Pour les sportifs, le miel est meilleur que beaucoup de boissons énergétiques qui contiennent des sucres raffinés.

Le miel au contraire renferme des hydrates de carbones et des sucres complexes qui sont stockés par l'organisme et qui sont libérés progressivement pendant l'effort. Consommez du miel au petit-déjeuner et prenez-en une heure avant l'entraînement, cela améliorera vos performances sportives.

## 5. Le miel pour combattre la gueule de bois :

Cette vertu n'est pas très connue. Le miel contient beaucoup de fructose qui est bénéfique pour favoriser la dégradation de l'alcool par le foie.

Après une nuit arrosée, pensez à consommer du miel au petit-déjeuner.

## 6. La cicatrisation des blessures :

Le miel a aussi des caractéristiques anti-fongiques et anti-bactériennes. Si vous appliquez du miel sur une blessure ouverte ou sur une brûlure, cela favorise la désinfection et accélère la cicatrisation. Ce procédé est utilisé par les médecins et les vétérinaires. Pensez à recouvrir la blessure ainsi traitée d'un pansement ou d'un bandage.

## 7. La décoloration des cheveux :

Le saviez-vous ? Le miel est un excellent produit naturel pour éclaircir les cheveux de façon douce et durable.

Vous pouvez l'employer pur sur des cheveux mouillés. Il faut à ce moment le laisser agir une demi-heure avant de bien rincer les cheveux sous la douche.

Une autre méthode est de mélanger deux cuillères de miel avec du yaourt nature. Appliquez le mélange sur des cheveux mouillés. Ensuite recouvrir les cheveux avec une serviette et laissez le mélange agir pendant une heure. Dernière opération : se laver les cheveux avec son shampoing habituel.

Vous obtiendrez ainsi des cheveux avec de magnifiques reflets blonds.

### 8. Le miel un produit délicieux :

Et puis, la principale qualité du miel est sans doute son goût. Il varie d'une saison à l'autre et selon les fleurs butinées. Un miel d'été est différent d'un miel de printemps et il varie d'une année à l'autre selon la météo, l'ensoleillement et les précipitations qui favorisent une floraison par rapport à une autre.

Essayez les miels d'un apiculteur installé dans une région préservée et dans un milieu sain.

## Les vertus du pollen

### 1. Qu'est-ce que le pollen ?

Le pollen est produit par les fleurs aux fins de reproduction sexuée afin de donner des fruits ou des graines. Pour en savoir plus sur cette question, lisez l'article sur le pollen des abeilles.

Le pollen est constitué de vitamines (15 à 20 %), de glucides (35 %), de sels minéraux et de protéines (20 %).

## 2. Comment est-il récolté ?

Le pollen est récolté sur les fleurs par les abeilles. Le pollen se colle sur l'abeille qui au moyen de peignes disposés sur ses pattes le brosse dans des corbeilles sur les pattes postérieures. Les pelotes de pollen ainsi constituées sont ramenées à la ruche pour nourrir les larves d'abeilles.

L'apiculteur installe à l'entrée de la ruche une trappe à pollen qui permet de récolter une petite partie du pollen ramené par les abeilles. L'apiculteur le ramasse chaque jour et le fait sécher avant de le conserver au frais.

## 3. Stimulant du système immunitaire :

Le pollen booste les défenses immunitaires de l'organisme. Si vous vous sentez faible et sujet aux infections, pensez à faire une cure de pollen, car le pollen est un fortifiant naturel.

## 4. Combattre l'asthénie :

Si vous souffrez de fatigue physique ou intellectuelle, le pollen est un produit revigorant qui vous redonnera du tonus. Il aide à améliorer la mémoire et à ce titre constitue une aide naturelle pour les étudiants en examen.

## 5. En cas de convalescence :

Après une maladie, un accident ou une opération, le pollen est un reconstituant qui vous stimulera pour retrouver votre forme tout en vous protégeant des infections. L'effet sur l'organisme est bénéfique pour retrouver la forme antérieure.

### 6. Pour combattre les allergies :

Pour les personnes sujettes aux allergies, une cure de pollen stimule les défenses immunitaires et vous renforce contre les allergies.

### 7. Comment consommer le pollen :

La consommation du pollen doit de faire sur une période de minimum quinze jours et idéalement sur six semaines. Prenez chaque jour une cuillère à soupe de pelotes de pollen que vous pouvez consommer pur ou dilué dans de l'eau ou du jus d'orange selon vos goûts. Certains l'apprécient dans le yaourt aussi. À vous de choisir le mode de consommation qui vous plaît.

## La gelée royale

### 1. Les propriétés de la gelée royale

La gelée royale est un produit liquide, de couleur blanche lorsqu'elle est fraîche, et qui a un goût acide. La gelée royale est secrétée par les glandes pharyngiennes, situées dans la tête des jeunes ouvrières. C'est la nourriture de toutes les larves d'ouvrières jusqu'au troisième jour et de la reine durant toute son existence. Sa composition en données moyennes est la suivante :

•eau : 67 %

•protéines brutes : 12,5 %

•glucides : 11 %

•acides gras : 5 %

•vitamines : A, B, C, D, E, K,

## 2. comment est-elle récoltée ?

Pour récolter de la gelée royale, il faut un élevage royal dans des colonies avec beaucoup de jeunes abeilles. Cela nécessite donc d'avoir une ruche sans reine mais avec des œufs pour que les abeilles élèvent des reines. La gelée est récoltée une fois la cellule royale operculée.

Pour continuer la récolte, l'apiculteur doit en permanence apporter des cadres de couvain fraîchement pondus et des cadres de couvain naissant pour fournir de jeunes abeilles.

Il s'agit d'une technique très pointue que seuls des apiculteurs professionnels pratiquent.

## 3. Où trouver de la gelée royale ?

Soit chez un apiculteur qui pratique ce type de récolte soit en magasin bio.

# La propolis

## 1. la propolis qu'est-ce que c'est ?

Il s'agit en fait d'une sorte de mastic végétal qui est fabriqué par les abeilles au départ de résines récoltées sur les arbres et aussi sur les bourgeons de certaines espèces. Ce sont les vieilles butineuses qui rapportent la propolis à la ruche.

Les arbres qui fournissent la propolis sont les résineux comme le pin ou l'épicéa mais aussi les saules, le bouleau, le marronnier, le peuplier et le chêne. Certains fruitiers, comme le prunier, produisent aussi de la propolis.

Au départ de ces résines, les abeilles fournissent des sécrétions naturelles (salive + cire) pour fabriquer la propolis.

## 2. usage de la propolis dans la ruche

Dans la ruche, les abeilles utilisent la propolis pour colmater les trous et les fissures. Il y a des exemples où certaines colonies ferment partiellement l'entrée de la ruche avec de la propolis.

Un deuxième usage par les abeilles est la désinfection des parois et des cadres avec une fine couche de propolis pour désinfecter le bois.

Les déchets et cadavres trop volumineux pour être traînés à l'extérieur de la ruche sont recouverts de propolis dans le but de les momifier et d'empêcher leur putréfaction.

## 3. aspects de la propolis

Les caractéristiques physiques de la propolis varient avec la température. En dessous de 15 °C, la propolis est dure et cassante. A 30 °C, elle est molle et collante.

Chauffée dans de l'eau, la propolis fond vers 70 °C. Elle se divise en deux parties, la cire qui flotte et la propolis qui tombe au fond.

La propolis est soluble dans l'alcool.

## 4. quels sont les usages de la propolis pour l'homme

La propolis a plusieurs qualités utilisables par l'homme :

- antiseptique
- cicatrisante
- antibiotique

On utilise la propolis pour soigner les angines, pharyngites, rhinites … Elle est aussi adéquate pour soigner les stomatites, gingivites et les infections dentaires. En dermatologie, on peut l'utiliser soit en solution mère, soit en pommade pour son action cicatrisante et anti-inflammatoire.

## 5. où trouver de la propolis ?

Si vous voulez de la propolis pure, la seule solution est de vous adresser à un apiculteur qui peut la récolter sur des grilles souples placées au-dessus de la colonie à la place du couvre-cadres. Les abeilles pour se protéger vont colmater la grille qui sera ensuite retirée de la ruche et roulée dans un congélateur pour rendre la propolis cassante. Elle est ensuite facile à récolter.

Vous pouvez ensuite l'utiliser pure pour soigner les affections de la bouche ou en solution. Voici comment la préparer.

Pour préparer une teinture-mère, placer un volume de propolis pour cinq volumes d'alcool à 70° dans un récipient. Agiter le mélange plusieurs fois par jour pour assurer le passage des substances actives de la propolis vers l'alcool.

Après huit à dix jours, filtrer le mélange et conserver l'alcool qui doit être conservé dans un récipient à l'abri de la lumière. Cette solution peut être utilisée pour désinfecter ou cicatriser par contact.

Vous pouvez aussi trouver de la propolis dans les magasins bio.

# La cire

La cire est produite par les abeilles cirières. À un certain âge de leur vie, les abeilles produisent des écailles de cire qu'elles malaxent pour pouvoir construire les rayons et les alvéoles. Toutes les cires ne se valent pas.

Selon l'usage qui en a été fait et surtout selon la façon dont la cire a été fabriquée, vous obtenez des cires de qualités différentes :

## 1. La cire de corps :

C'est la cire de moins bonne qualité car elle a été souillée par le couvain et les produits de traitement contre le varroa. Vous ne connaissez pas, sauf si vous récupérez la cire d'opercule pour fabriquer vos cires gaufrées, la provenance des cires à bâtir que vous avez placé sur vos cadres. Ce type de cire est à utiliser uniquement pour faire des bougies ou de la cire pour meuble.

### 2. La cire de hausse :

Il s'agit déjà d'une cire de qualité supérieure, car elle n'a pas été souillée par le couvain. Mais son origine peut aussi être douteuse. Elle convient pour faire des bougies.

### 3. La récupération des opercules de miel :

De loin la meilleure cire, car elle a été produite par les abeilles. C'est donc de la cire vierge que je vous conseille de récupérer pour faire des cires à bâtir.

## Le venin d'abeille

Le venin d'abeilles est un produit complexe et est très nocif surtout si injecté en quantité lorsque l'on subit plusieurs piqûres simultanées ou des piqûres à quelques jours d'intervalle. Pour information, le venin d'abeilles est utilisé comme moyen thérapeutique notamment contre la sclérose en plaques. L'injection dans ce cas est une affaire de dosage et doit bien entendu être réalisée par un spécialiste.

## Comment l'apiculteur récolte le miel des ruches ?

Les abeilles ont ramené le nectar des fleurs à la ruche et les abeilles l'ont stocké dans des alvéoles des cadres de hausse. Une fois le miel bien sec, les abeilles le mettent à l'abri de l'humidité en le recouvrant d'un opercule de cire.

## a. retirer des hausses avec un minimum d'abeilles

Pour éviter d'avoir trop d'abeilles dans les hausses, l'apiculteur utilise un chasse-abeilles qui est une sorte de labyrinthe qui permet aux abeilles de redescendre dans le corps de ruche mais ne leur permet pas le chemin inverse.

## b. la désoperculation

La première étape de l'extraction proprement dite est la désoperculation. Il s'agit de retirer le couvercle en cire des cellules appelé opercule, avec l'aide d'une fourchette à désoperculer en inox ou avec un couteau à désoperculer. (Voir photo ci-dessous).

## c. Extraction

Une fois les cadres désoperculés, ils sont déposés dans l'extracteur en acier inoxydable qui est une sorte de tambour que l'on fait tourner pour que le miel soit évacué par centrifugation. L'extracteur est soit muni d'un moteur électrique soit actionné au moyen d'une manivelle.

Il existe deux sortes d'extracteurs :

— *extracteurs radiaux* où les cadres sont placés de façon radiale. Les deux côtés des cadres sont extraits en inversant le sens de rotation.

— *extracteurs tangentiels* où les cadres sont placés en vis-à-vis. On extrait un côté, ensuite on retourne les cadres et on extrait l'autre côté.

Le miel une fois extrait coule le long de la cuve et est récupéré dans un seau en ouvrant le robinet à la base de l'extracteur.

Une première filtration est opérée pour retenir les opercules et autres résidus, tels que les pattes et les ailes d'abeilles, éventuellement présents dans le miel.
Pour réaliser cette filtration, un filtre en inox à mailles fines est indispensable. Le miel est ensuite transféré dans un maturateur en inox pour décanter.

## d. Ensemencement du miel

À ce stade, sans intervention de l'apiculteur, le miel va cristalliser naturellement. C'est un phénomène physique qui dépend du type de fleur butinées. Au plus le miel contient de fructose, au plus il restera liquide ou sans cristallisation. Au plus il y a du glucose dans le miel, au plus il cristallise vite.

Un apiculteur expérimenté évite de laisser son miel cristalliser naturellement, car il risque des déceptions, par exemple, si le miel cristallise en « gros grains » ou s'il devient très dur.

Il suffit en fait de prendre un miel qui présente les caractéristiques que l'on souhaite. En général, on apprécie un miel avec une fine cristallisation et qui reste onctueux.

Cette opération qui s'appelle l'ensemencement consiste à mélanger le miel récolté avec 10 % de miel à la caractéristique souhaitée. Pour de grosses quantités, cette opération peut s'effectuer en plusieurs fois.

Une fois le mélange réalisé dans les bonnes proportions, il ne reste plus qu'à mélanger deux fois par jour pendant trois jours le miel récolté. La cristallisation qui est un phénomène purement physique va se réaliser de façon homogène.

### e. La mise en pots

L'opération suivante consiste à laisse le miel se décanter pendant quelques jours. De l'écume va se former à la surface du miel. Il s'agit de micro bulles d'air qui flottent au-dessus du miel et qui sont inesthétiques dans le pot. L'apiculteur soigneux la retire.

La mise en pot se fait tout simplement en laissant couler le miel à l'aide d'un robinet placé à la base du maturateur.

## Combien de miel une ruche produit-elle ?

Cette question est souvent posée et il est difficile d'y répondre avec précision.

La moyenne de production par ruche est d'une vingtaine de kilos par année avec des fluctuations très importantes.

Les facteurs qui influencent la production sont les suivants :

- la météorologie
- l'environnement
- la force de la colonie
- la conduite du rucher

La meilleure récolte que j'ai faite a été de 65 kilos par ruche lors d'une année exceptionnelle. J'ai un ami digne de foi qui lui a dépassé 100 kilos de miel sur une ruche.
Les apiculteurs ont souvent tendance à s'arrêter à la production de miel. Personnellement, je crois que c'est une erreur et qu'il est plus important d'avoir des abeilles saines et de leur laisser une partie du miel en fin de saison. Nous respectons ainsi mieux leur cycle naturel de récolte en vue de constituer des réserves pour passer l'hiver.

## Les types de miel

La façon habituelle de classer les miels est de les caractériser en fonction de la fleur qui a été butinée.

Si le miel est constitué de plusieurs origines florales, on parlera de *miel toutes fleurs* ou *mille-fleurs*.

Il est possible de nommer le miel aussi selon la saison de récolte : miel de printemps ou miel d'été. Le miel de printemps est produit au départ de nectars de fruitiers, d'acacias, d'érables, de colza … et présente généralement beaucoup de douceur et d'onctuosité. Le miel d'été est récolté sur le châtaignier, le tilleul, la lavande … et est un miel plus fort, plus épicé. Les deux ont leur charme et préférer l'un à l'autre est surtout une question de goût.

Il est possible aussi de récolter des miels mono-floraux. Cette opération est réalisée en posant une hausse vide au-début de la floraison visée et en retirant la hausse dès la fin de celle-ci. Il est nécessaire que l'espèce florale soit dominante dans l'environnement pour éviter des mélanges trop important avec d'autres floraisons concomitantes.

Les miels floraux les plus réputés sont : le miel d'acacia, de tilleul, de châtaignier, de lavande, de fruitiers, de pissenlit …
Il existe encore une espèce de miel nommé *miel de sapin*. Comme chacun le sait le sapin ne fleurit pas. Certaines années, la prolifération de pucerons est très importante. Les pucerons se nourrissent de la sève des plantes et rejettent du miellat assez sucré. Le butinage de ce miellat par les abeilles va permettre la production d'un miel pompeusement appelé miel de sapin.

# Partie 3 : Les saisons de l'abeille

## L'hiver

L'hiver est la saison où l'activité des abeilles est fort limitée en raison de la température extérieure. Pour sortie de la ruche, l'abeille a besoin d'une température de 8 °C minimum. Dès cette température, elles sortiront et en profiteront pour faire un vol de propreté.

Mais que font les a abeilles à la saison froide ?

Les abeilles n'hibernent pas mais restent compactes au centre de la ruche. Elles maintiennent une température d'environ 35 °C au centre de la ruche. Pour augmenter la température de la ruche, les abeilles se mettent en grappe et produisent de la chaleur en mobilisant les muscles de leurs ailes mais sans battre celles-ci. Au sein de la grappe s'opère une rotation des abeilles. Celles qui sont au centre migrent vers l'extérieur pour laisser celles qui étaient à l'extérieur se réchauffer.

Dès le mois de janvier, la ponte de la reine reprend d'abord modestement, une cinquantaine d'œufs par jour. Bien au chaud au milieu de la grappe d'abeilles, le couvain peut se développer. Il est nourri avec le pollen entreposé l'année précédente. Les abeilles, elles se nourrissent du miel stocké dans la ruche.

À partir du mois de février, les premières fleurs vont éclore. Elles sont rares mais les abeilles vont profiter du pollen et du nectar offerts par les perce-neige, les crocus et les noisetiers.

## Le printemps

Le printemps est la période de développement de la colonie d'abeilles. Avec le retour des beaux jours, les floraisons et les rentrées de nectar et de pollen vont augmenter. La ponte de la reine va devenir plus forte pour atteindre son apogée de 1500 œufs par jours en mai. Le nombre d'abeilles dans la ruche va croître pour pouvoir faire face aux miellées.

L'apiculteur va agrandir la capacité de la ruche en ajoutant des cadres dans le corps et ensuite en agrandissant vers le haut en ajoutant une ou plusieurs hausses dans lesquelles sera stocké le miel.

À cette époque, l'apiculteur peut envisager de multiplier ses colonies soit en divisant une colonie en deux ou trois nouvelles colonies, soit en prélevant des cadres dans plusieurs colonies pour les mettre dans une ruche vide.Si la nouvelle colonie ne possède pas de reine, l'idéal est d'y placer une cellule royale qui donnera naissance à une reine. Si l'apiculteur laisse faire la nature, il faut que la colonie dispose de larves d'abeilles d'un jour ou deux sur lesquelles les abeilles vont procéder à un élevage royal. Dans ce cas il est important que la colonie ait suffisamment de réserves de nourriture et un grand nombre de jeunes abeilles pour donner à profusion de la gelée royale à la future reine.

Vers la fin du printemps, commence la saison de l'essaimage. Tout un chapitre y sera consacré par la suite. Disons en quelques mots que l'essaimage est le mode naturel de multiplication de colonies. La reine et la moitié de la colonie quitte la ruche mère avec de la nourriture pour trois jours. L'essaim ainsi constitué recherche au cours de cette période un abri – tronc d'arbre, cheminée, cavité naturelle … – pour s'installer et construire de nouveaux rayons afin de constituer des réserves avant l'hiver. Dans la ruche, la moitié de la colonie restante, va élever une nouvelle reine qui après fécondation va assurer l'avenir de la colonie.

## L'été

Au cours de l'été, la colonie va rentrer du miel au rythme des floraisons. Lentement en fonction des miellées, la ponte de la reine va diminuer.

Tant que la colonie rentre du miel, l'apiculteur va enlever les hausses pleines et les remplacer par des hausses vides. Il récoltera au fur et à mesure le miel.

À la fin de la dernière miellée, l'apiculteur retire la dernière hausse. Les abeilles ont beaucoup moins de travail. Elles butinent encore les fleurs à leur disposition mais la miellée n'est plus suffisante pour stocker le miel. Ce qu'elles trouvent correspond à leur consommation.

L'apiculteur profite du retrait des hausses et de la récolte du miel pour traiter les ruches contre un acarien apparu dans les années 80, le varroa. Ce petit acarien d'à peu près un millimètre de diamètre est un parasite de l'abeille. J'en parlerai plus en détail dans la partie consacrée aux prédateurs de l'abeille.

À cette époque, l'apiculteur va aussi nourrir les abeilles pour compenser la récolte de miel prélevée. Cette nourriture constituée de sucre va être donnée aux abeilles qui vont la stocker.

# L'automne

Au début de l'automne, la ponte de la reine diminue très

fortement.

À cette saison vont naître les abeilles d'hiver. Ce sont des abeilles identiques aux autres mais comme elles ne doivent pas nourrir de nouvelles abeilles, elles préservent leurs glandes utilisées à cet effet. Il en résulte que ces abeilles au lieu de vivre six semaines comme les abeilles de printemps ou d'été vont avoir une vie plus longue jusqu'à six mois. Ces abeilles revêtent une importance très grande, car ce sont elles qui vont élever les premières abeilles à la sortie de l'hiver qui vont permettre le développement de la colonie au printemps.

# Partie 4 : L'essaimage

## L'essaimage, qu'est-ce que c'est ?

La seule façon de se multiplier pour une colonie, c est l'essaimage. La reproduction au sein d'une colonie n'est jamais que la reproduction d'individus isolés, un remplacement d'abeilles au sein d'une communauté. Après essaimage, la colonie d'origine continue d'exister et pourra encore essaimer, tandis que l'essaim qui en est sorti, donne « naissance » à une nouvelle colonie qui cherche un abri. Il y a donc multiplication de colonies par l'essaimage.

Il faut bien être conscient qu'au début de l'apiculture, on élevait des colonies dans des cloches en paille. Il n'y avait pas à cette époque de ruches à cadres mobiles et la création d'un essaim artificiel était impossible. À cette époque, un essaim était considéré comme une chance. Il en a résulté que pendant des siècles, les apiculteurs ont ainsi sélectionné sans le savoir, des reines essaimeuses. Aujourd'hui, le contexte dans lequel nous vivons a changé et nous aspirons plutôt à sélectionner des reines qui n'essaiment pas.

Gardons toujours à l'esprit que l'essaimage fait partie des gènes de l'abeille et que c'est son mode de reproduction pour remplacer les colonies qui disparaissent.

# Quand une colonie essaime-t-elle ?

## Conditions pour essaimer :

Ce sont les abeilles et non pas la reine qui décident d'essaimer. Les abeilles construisent des cellules royales quand les phéromones de la reine sont insuffisantes (vieille reine) ou quand l'espace disponible vient à manquer (nid trop petit, hausse posée trop tard) ou par manque d'activité (période de mauvais temps prolongée) ou encore quand la surface de couvain operculé dépasse celle du couvain ouvert. Ces facteurs peuvent bien entendu s'additionner.

## Périodes d'essaimage :

Les mois de mai et de juin sont propices à l'essaimage. Il y a déjà des faux-bourdons pour féconder la reine. La miellée a commencé et il est suffisamment tôt dans la saison pour que l'essaim puisse constituer assez de provisions pour passer l'hiver. Des essaimages en avril ou en juillet sont aussi possibles mais moins fréquemment.

## Conditions météo :

Par une belle journée ensoleillée, sans trop de vent, entre midi et quatorze heures, on voit sortir la grande majorité des essaims.

## Comment cela se passe-t-il ?

Tout d'abord, si vous êtes présent, vous remarquerez le bruit significatif de l'essaimage. Une sorte de bourdonnement continu quand les abeilles sortent de la ruche. À peu près la moitié de la ruche, donc de vingt à quarante mille abeilles sortent en quelques minutes et se mettent à tournoyer à quatre ou cinq mètres de hauteur. Le spectacle est magnifique et l'apiculteur est pris entre deux sentiments : la beauté de ce phénomène naturel et la déception de voir sa colonie essaimer. Il vaut mieux essayer cependant de voir le beau côté de la chose, car de toute façon il est trop tard pour empêcher l'essaim de partir.

Les abeilles tournent dans le ciel par milliers à trois, quatre mètres de hauteur et cherchent un endroit où se poser. L'intérêt de l'apiculteur est de les suivre pour ne pas devoir les chercher par la suite dans tout le quartier. L'essaim peut se poser à peu près n'importe où : sur une haie, dans un arbre, sur un piquet, dans une aile de voiture, dans une cheminée, derrière un volet ....

Les abeilles vont se rassembler autour de la reine. Pendant ce temps, les éclaireuses partent à la recherche d'un abri pour se loger. Cela laisse normalement suffisamment de temps à l'apiculteur pour intervenir.

## Comment l'apiculteur récupère-t-il un essaim ?

Un essaim qui s'envole se gorge de nourriture pour trois jours. Il en résulte que plus on intervient tôt sur un essaim au moins il sera agressif.

Récupérer un essaim en soi n'est pas compliqué. Ce qui peut rendre l'opération difficile est la hauteur où il se trouve ou bien l'endroit où il s'installe. Par exemple un essaim dans une cheminée est considéré comme impossible à récupérer.

Dans le cas d'un essaim facile, l'apiculteur asperge les abeilles avec un pulvérisateur d'eau pour calmer les abeilles. On positionne un seau ou une ruchette en dessous de l'essaim et on frappe sur la branche à laquelle il est attaché. Sur un piquet ou autre support, on brosse les abeilles dans le seau.

L'opération suivante est d'enrucher l'essaim. Soit en le versant dans la ruche, méthode rapide, soit en le versant sur une planche inclinée devant la ruche dans laquelle il pénétrera naturellement.

Si la reine a été attrapée, l'essaim restera dans la ruche. Dans le cas contraire, les abeilles retournent près de la reine et il faut tout recommencer.

À partir du moment où la reine est dans la ruche, les abeilles vont battre le rappel. Cela signifie que les abeilles sur la planche d'envol positionnent leur abdomen vers le haut et découvrent leurs glandes de Nasanov situées sur le dernier segment de l'abdomen. Cet appel indique aux retardataires où se trouve la reine.

Si l'essaim n'est pas bien placé, il faut utiliser une échelle ou faire appel à des techniques spéciales comme dans le cas de rayons construits derrière un volet. Ces techniques sortent du cadre de ce livre d'approche de l'apiculture.

## Que se passe-t-il dans la ruche qui a essaimé ?

L'essaim a provoqué le départ de la moitié des abeilles. Les abeilles se répartissent entre l'essaim et celles qui restent à la ruche équitablement pour chaque classe d'âge.

Par contre il n'y a plus de reine dans la ruche mais avant de partir les abeilles ont commencé un élevage royal. Les cellules royales sont en général placées en périphérie de la ruche, là où les phéromones de la reine sont les moins fortes.

Entre cinq et dix jours après l'essaimage, la première reine éclot. Si elle fait bien son travail, elle élimine ses consœurs qu'elle considère comme des rivales et une fois qu'elle aura été fécondée lors du vol nuptial, le développement de la colonie pourra reprendre.

Au contraire, il peut arriver que la reine n'élimine pas toutes ses rivales. Cette situation est assez fréquente, car les cellules sont aux quatre coins de la ruche et la reine ne les trouvent pas toutes. Un apiculteur vigilant veillera à se substituer à la reine. Si plusieurs reines vierges coexistent, il est probable qu'un nouvel essaimage aura lieu ; on parle alors d'essaim secondaire.

Cette dernière situation est préjudiciable au développement de la colonie car à nouveau la moitié de la colonie s'en va.

## Que devient l'essaim ?

L'essaim que nous avons enruché est pris d'une frénésie de construction. Si l'apiculteur a mis des cires gaufrées dans la ruche juste après y avoir transvasé l'essaim, la construction va commencer immédiatement et au bout d'un ou deux jours la reine va se remettre à pondre et les butineuses à rentrer du pollen.

La colonie va se développer très vite et au bout de trois semaines les premières ouvrières vont éclore.

Si l'apiculteur ne place pas des cires gaufrées dans la ruche, les abeilles vont construire de façon anarchique de beaux rayons de cires mais avec des formes biscornues. C'est très joli, mais il n'y a plus moyen d'intervenir dans la ruche.

## Que faire si on trouve un essaim ?

Vous n'êtes pas apiculteur et vous trouvez un essaim. Soit il a atterri dans votre jardin, soit vous le découvrez au cours d'une promenade. Voici comment procéder pour que l'on vienne vous en débarrasser.

Il est plus fréquent que l'on croit de voir arriver un essaim dans son jardin. Le risque est plus limité en ville, et encore. Surtout si un apiculteur a son rucher près de chez vous, l'arrivée d' un essaim n'est pas rare. Cela arrive généralement durant les mois de mai et juin, plus rarement en juillet.
Ne paniquez pas. Si l'essaim n'est pas encore formé et que les abeilles volent, contentez-vous d'admirer le spectacle.

Une fois l’essaim posé dans un arbre, sur un piquet ou à tout autre endroit, essayez de contacter un apiculteur si vous en connaissez un. Autrement, cherchez sur internet avec les mots apiculteur et celui de votre commune. Si cela ne donne pas de résultat, élargissez le périmètre de recherche.

Surtout n’essayez pas de capturer l’essaim vous-même. Bien que ce ne soit pas difficile, il vaut mieux avoir l’expérience et le matériel adéquat.

Si vous ne parvenez pas à trouver un apiculteur, il vous reste à contacter les pompiers. L’intervention sera sans doute payante. L’essaim ne sera pas perdu car très souvent les pompiers ont un contact avec un apiculteur et lui amène l'essaim.

Ne tardez pas car après trois jours, les abeilles auront consommé leur miel et auront tendance à devenir plus agressives.

# Partie 5 : L'apiculteur

## Pourquoi devient-on apiculteur ?

Les motivations d'un apiculteur sont multiples et peuvent d'ailleurs évoluer au fil du temps.

### Désir de comprendre

La première motivation et sans doute de vouloir comprendre un monde que l'on ne connaît pas : celui de l'abeille. On a tous quelques connaissances de l'abeille apprises durant sa jeunesse mais entre une connaissance superficielle et savoir comment on conduit un rucher au quotidien, il y a un monde de différence.

C'est cette frontière que j'avais envie de franchir sans trop savoir où je mettais les pieds. Quand j'ai vu qu'un cours d'apiculture s'organisait dans ma commune, j'ai immédiatement pris contact et j'ai eu la chance de tomber sur une personne passionnée qui a répondu à toutes mes questions et s'est déplacée jusque chez moi pour examiner la possibilité d'installer un petit rucher dans mon jardin.

Les premiers cours m'ont littéralement enthousiasmé et j'en revenais avec pleins de nouvelles notions. J'avais découvert un monde insoupçonné et j'étais comblé par sa nouveauté.

Ensuite est venu le moment d'ouvrir une ruche et d'être confronté aux abeilles. Tout fiers dans nos nouvelles combinaisons d'apiculteurs, nous étions quand même un peu anxieux. Tout c'est très bien passé et je garde un excellent souvenir des odeurs exhalées par la ruche, du bruissement des abeilles, de la beauté de ce qui était montré : le couvain ouvert, fermé, les œufs, le miel operculé, la découverte de la première reine …

L'étape suivante est avoir sa propre colonie, d'abord au rucher-école et ensuite chez soi. L'apprentissage se fait pas à pas, encadré par des apiculteurs chevronnés avec la mise en pratique des notions théoriques apprises au cours.

## Découverte de la nature

Le deuxième aspect qui apparaît c'est une vision différente de la nature. J'étais déjà attiré auparavant par la nature et avais un intérêt pour la faune et la flore avec une prédilection pour les oiseaux. En fait plutôt que de découverte de la nature, je devrais écrire re-découverte de la nature.

Quand on a des ruches, on devient beaucoup plus attentif au déroulement des saisons et à la succession des floraisons. On y détecte les signes sur base desquels certaines tâches sont à réaliser au rucher. La floraison des cerisiers et synonyme de pose des hausses et la grande floraison des pissenlits est très souvent annonciatrice de la fièvre d'essaimage.

On devient aussi plus sensible à la perte de bio-diversité et aux interactions entre apiculture et agriculture.

## Se piquer au jeu

Quand je dis piquer c'est sans jeu de mots, car il n'y a pas d'apiculture sans piqûres.

Ne nous leurrons pas l'apiculture n'est pas un hobby facile. Il y a tout d'abord les piqûres. Ce n'est pas le plus grave. Souvent, trouver un emplacement pour ses ruches est aussi un problème, car la taille des parcelles va en s'amenuisant et les règlements communaux sont souvent restrictifs.

Enfin, l'apiculture est une discipline qui prend un peu de temps mais surtout où certaines tâches à accomplir doivent impérativement être réalisées au bon moment. Ce n'est pas toujours facilement conciliable avec une vie professionnelle et familiale.

Les débuts ne sont pas toujours faciles car l'on maîtrise encore imparfaitement la technique et les erreurs se payent cash notamment en matière d'essaimage. Cela apporte parfois du découragement qu'il faut parvenir à surmonter.

Heureusement les satisfactions sont grandes.

## Aider une espèce en difficulté

C'est un aspect de l'apiculture que l'on ne prend pas en compte au début. Pourtant, il ne fut pas voir peur de le dire, si les abeilles ne sont pas une espèce en voie de disparition, elles sont quand même en grande difficulté.

Aujourd'hui, il n'existe plus de colonies sauvages. Sans les apiculteurs, les abeilles disparaîtraient rapidement.

Les apiculteurs ont un grand rôle à jouer dans le maintien de l'abeille et la préservation de son rôle en tant que pollinisateur.

## Rencontrer des gens passionnés

Le milieu de l'apiculture est très diversifié. En général, des gens ultras passionnés. S'ils ne l'étaient pas, ils auraient déjà abandonné depuis longtemps.

L'apiculteur est souvent curieux et recherche de nouvelles méthodes et techniques. C'est une activité qui est toujours en évolution face à des contraintes grandissantes. Je ne m'y attendais pas, car on aurait tendance à croire que vu l'âge de l'abeille tout était connu sur la façon de la traiter.

Maintenant, on ne peut pas généraliser, certains utilisent des méthodes empiriques, voire jouent aux apprentis sorciers. Ils ne durent pas car l'apiculture ne permet pas l'à-peu près. Au contraire, la rigueur est nécessaire.

Le milieu de l'apiculture est aussi très divers. On y rencontre des gens de tout âge, des hommes, des femmes, des gens de tout milieu. Ajouté à la passion qui les anime, cela crée un milieu très coloré, vivant et enthousiaste.

## Le capital-sympathie de l'abeille

Quand vous annoncez à vos amis que vous suivez des cours d'apiculture, vous percevez assez vite que les gens vous regardent avec une curiosité mêlée d'étonnement et aussi un peu d'effroi.

Une fois que vous récoltez un peu de miel, vous en faites profiter la famille et les amis. Cela génère plus de questions. Étant passionné, vous jouez le jeu et racontez. Tout y passe : l'essaimage, le vol nuptial, le nombre d'abeilles, la façon de récolter … Vous sentez l'intérêt et que l'on vous voit moins comme un farfelu.

Si au bout d'un certain temps, vous parvenez à augmenter la quantité récoltée, vous commencez à vendre un peu de miel et là vous avez des contacts avec un public qui recherche un produit naturel.

Immédiatement, vous percevez la sympathie que suscite l'abeille. Et les questions fusent. Certaines basiques, d'autres plus nuancées. Toujours revient : où sont vos ruches, comment vont vos abeilles ?

Ce contact avec le public fait partie des satisfactions que j'ai retirées de l'apiculture. Un besoin d'expliquer, de partager. D'où par la suite un site sur l'apiculture et ce livre pour toucher un plus grand nombre.

## Réfléchir à la bio-diversité

Cela semble sans doute pompeux, voire intellectuel.

Un des problèmes de l'abeille est sans doute cette baisse de la diversité. Notre environnement de plus en plus urbanisé avec des jardins et des pelouses n'offre plus la diversité des fleurs qualifiées de « sauvages ».

Dans les environnements agricoles, les cultures intensives avec utilisation de pesticides n'aident pas les abeilles et déciment leurs populations.

Pourtant la diversité est la richesse de l'avenir. Ce qui disparaît ne reviendra plus. Chaque fois qu'une espèce disparaît, qu'elle soit végétale ou animale, c'est la vie qui se rétrécit.

L'abeille en souffre.

L'abeille est aussi un pollinisateur de qualité. À ce titre, elle doit être protégée, soutenue. Elle participe à la pollinisation de 60 % de ce que l'agriculture produit. Elle butine indistinctement les variétés agricoles, les arbres, les fleurs sauvages ou de jardin. De cette façon, elle propage la biodiversité.

Elle doit donc être doublement préservée : pour elle-même mais aussi pour son pouvoir multiplicateur de la flore et des espèces qui en dépendent.

# Comment devient-on apiculteur ?

Débuter l'apiculture est un souhait de beaucoup de personnes mais qui n'est pas toujours réalisé, car on ne sait pas comment bien commencer. Dans cette partie du livre, je voudrais expliquer comment démarrer ainsi que les difficultés à surmonter pour devenir apiculteur. En espérant pouvoir aider quelques personnes à découvrir ce merveilleux hobby qu'est l'apiculture et leur faire éviter les erreurs trop souvent commises au début.

## Comment apprendre l'apiculture ?

*Suivre un cours*

Suivre un cours est certainement la meilleure façon de procéder. Ils existent de nombreux groupement apicoles qui organisent régulièrement des cours de formation en apiculture. Ces cours sont destinés à des débutants et ne nécessitent pas de connaissances préalables.

La durée du cours est généralement sur deux saisons. Cela peut sembler long mais permet d'apprendre les bases la première année et d'étudier des techniques plus élaborées par la suite.

L'important est de choisir une formation qui donne une grande importance à la pratique. Examinez le programme de cours pour voir s'il faut une ruche et si le groupement dispose d'un rucher école pour l'accueillir durant la formation. Si la réponse est négative à ces deux questions, méfiez-vous, car la pratique en groupe sera inexistante. En apiculture, beaucoup de techniques s'apprennent par l'observation et la pratique .

Un des avantages du cours est aussi de rencontrer d'autres apiculteurs avec qui vous pourrez échanger et continuer à avoir des contacts par la suite. En apiculture, l'entraide est importante, ne fut ce que pour le prêt de matériel quand on débute.

*Le compagnonnage*

Apprendre avec un apiculteur expérimenté est aussi une bonne méthode. Pendant un ou deux ans, vous accompagnez un apiculteur dans tous les travaux qu'il effectue dans son rucher.

C'est une formation sur le tas, très vivante. N'hésitez pas à recourir à ce type apprentissage si on vous le propose. Pour vous, c'est enrichissant et pour l'apiculteur, il s'agit d'une aide souvent la bienvenue.

Ce type d'apprentissage ne dispense pas de suivre un cours par la suite ou au moins de suivre une solide formation théorique dans un livre. Les inconvénients de cette formation est de n'apprendre que les techniques pratiquées par votre formateur. Le niveau de l'apprentissage sera aussi dépendant du niveau de votre formateur.

*Se faire parrainer*

Si vous suivez un cours, on vous attribuera probablement un parrain. Il s'agit d'un apiculteur expérimenté qui pourra vous aider dans des conseils pratiques lors de vos premières visites dans vos colonies.

Il vous proposera sans doute de l'accompagner quand il visite ses propres colonies. Faites-le car observer et apprendre sur le tas permet de voir et comprendre les bons gestes.

## Une colonie peut-elle encore subsister sans apiculteur ?

Depuis l'arrivée du varroa en Europe dans les années 80, il faut malheureusement répondre par la négative à cette question.

Quand on mesure le nombre de pertes de colonies chez les apiculteurs à la fin de l'hiver, on mesure les dégâts occasionnés aux colonies par le varroa, les pesticides, les engrais systémiques et la diminution de la richesse de l'environnement.

Et dans la majorité des cas, ces apiculteurs emploient des traitements bio-dynamiques et chimiques contre le varroa.

Aujourd'hui une colonie livrée à elle-même n'a plus aucune chance de résister. Les meilleures résisteront deux ou trois saisons mais succomberont finalement.

Il y a quelques années, des bûcherons nous ont signalé une colonie logée dans un arbre creux. Très aimablement, ils ont accepté de scier correctement l'arbre pour que nous puissions récupérer la colonie dans son tronc. Nous l'avons installée dans un endroit propice, assez loin de tout rucher pour éviter une infestation. Elle n'a passé qu'un seul hiver.

Certains esprits contestataires expliqueront que les pertes sont dues aux traitements, à des ruches inadaptées, au nourrissement avec des sucres industriels et je ne sais quelles autres explications.

Je suis persuadé qu'aujourd'hui les apiculteurs sont indispensables pour assurer la continuité des abeilles et j'espère qu'une prise de conscience existera pour améliorer la situation sur le plan des produits chimiques utilisés dans l'agriculture. Quand on voit ce qui s'est passé avec le vote européen sur le glyphosate, les espoirs à court-terme sont limités. Espérons que quand les bonnes décisions seront prises qu'il y aura encore des apiculteurs pour relever le défi.

# Partie 6 : Les sens de l'abeille

## La vue

### Comment une abeille voit-elle ?

Une abeille possède deux grands yeux à facettes. Chacune de ces facettes perçoit une image et l'abeille a une vue peu précise. Par contre, elle perçoit avec beaucoup d'acuité les mouvements et les variations lumineuses. C'est pour cette raison qu'il faut éviter les mouvements brusques lors d'une visite de ruche. Une abeille voit 300 images par seconde tandis que l'homme n'en voit que 24.

Au sommet de la tête derrière les antennes, l'abeille possède trois ocelles. Ce sont des capteurs de lumière qui permettent à l'abeille de s'orienter et de percevoir si son vol est horizontal, en montée, en descente ou vers le côté gauche ou droit.

### Quelles sont les couleurs que voit l'abeille ?

L'abeille n'a pas la perception des mêmes couleurs que l'homme. Elle ne voit pas le rouge mais perçoit l'ultraviolet que l'homme ne voit pas.

L'abeille voit donc le bleu, le jaune et l'ultraviolet. Les couleurs intermédiaires perçues par l'abeille sont le bleu-vert, le pourpre d'abeille (mélange de jaune et d'ultra-violet), le vert et l'orange.

Le rouge apparaît noir à l'abeille.

En conclusion, l'abeille a une vision très colorée de la nature mais différente de la nôtre.

**Les abeilles voient-elles dans le noir ?**

Bien qu'elles passent une grande partie de leur vie dans l'obscurité de la ruche, les abeilles ne voient pas dans le noir. Elles utilisent leur odorat quand elles sont dans la ruche pour reconnaître les choses et s'orienter.

# L'odorat

L'abeille a un odorat extrêmement développé. La perception des odeurs est faite par les antennes. Comme l'abeille a deux antennes, elle peut savoir d'où vient une odeur. Elle est particulièrement sensible à des odeurs comme la cire, le miel et le nectar.

Il y a des odeurs que l'abeille n'aime pas. C'est ce qui explique que des odeurs désagréables à l'abeille peut susciter des attaques « sans raison ». D'une manière générale, évitez de vous parfumer avant d'aller au rucher.

# Le goût

L'abeille possède des récepteurs de goût dans la bouche, sur les tarses et sur les antennes.

Sur les antennes, certaines sensilles détectent le goût du nectar.

Sur les tarses, il y a aussi de détecteurs de goût.

# L'ouïe

Les abeilles n'ont pas d'oreilles et ne perçoivent donc pas les sons. Elles perçoivent cependant les vibrations grâce à la détection de leurs poils.

## L’orientation

Les abeilles détectent les champs magnétiques et peuvent donc utiliser le champ magnétique terrestre.

Pour s’orienter, elles utilisent plutôt la polarisation. Même par ciel couvert, elles perçoivent où se trouve le soleil et peuvent ainsi retrouver le chemin vers leur ruche. Leur sens de l’orientation est très développé.

# Partie 6 : La place des abeilles dans la nature

## La pollinisation

Le rôle de l'abeille dans la pollinisation est essentiel, car en dehors de la pollinisation par le vent, la majorité des pollinisations est assurée par les insectes pollinisateurs.

La pollinisation produit plus de fruits, des fruits de meilleure qualité et favorise également la nouaison du fruit à l'arbre c'est-à-dire que le risque que le fruit se détache de la branche est réduit en cas de pollinisation par un insecte.

Les détenteurs de vergers ne s'y trompent pas lorsqu'ils font appel aux services d'apiculteurs pour venir déposer des ruches dans le verger au moment de la floraison des pommiers, cerisiers et poiriers.

## Que se passerait-il si les abeilles disparaissaient ?

On considère que 60 % des légumes et des fruits que nous consommons, sont le résultat de la pollinisation par les insectes pollinisateurs.

Les abeilles ne sont pas les plus efficaces notamment vis-à-vis des bourdons. En effet, ces derniers sont plus gros et ont une langue plus longue : ils peuvent donc visiter des fleurs qui ne sont pas accessibles aux abeilles. Par ailleurs, le bourdon vole à des températures plus basses que l'abeille.

L’abeille, par contre, reprend l’avantage avec le nombre. La population d’une ruche est de 40 à 60 000 abeilles en saison contre quelques centaines d’individus pour les bourdons.

En cas de disparition des abeilles, toute une série de légumes ne seraient plus produits ou alors avec des moyens de pollinisation qui les rendraient rares et chers.

Est-ce cela que nous voulons ? Il est important de comprendre que l’abeille n’occupe qu’une petite niche écologique. Les causes agricoles qui ont été citées plus haut occasionnent aussi de grands dommages à d’autres types d’insectes.

# Quels sont les prédateurs des abeilles ?

## Les pesticides :

À mon avis, les pesticides et les engrais systémiques sont la cause principale de dépérissement des ruches. Les produits chimiques utilisés dans l’agriculture et même dans les jardins sont toxiques pour les abeilles.

Soit immédiatement en leur faisant perdre le sens de l’orientation et la conséquence est d’empêcher le retour à la ruche ce qui cause à grande échelle son affaiblissement.

De façon plus insidieuse, l’abeille peut ramener à la ruche du pollen contaminé par les produits chimiques et la conséquence se manifestera à moyen-terme lors du nourrissement des larves qui seront intoxiquées. Cela arrêtera le développement de la ruche au printemps avec les conséquences dommageables que l’on peut imaginer. Ruche affaiblie, pas de nourrices pour prendre la relève, moins de butineuses et effondrement de la colonie. C'est ce que les anglais appellent le CDD « Colony Collapse Disorder ».

Cette cause est la plus difficile à combattre. Les possibilités sont :

- signer les pétitions contre les pesticides (glyphosate …)
- arrêter l'utilisation de produits chimiques dans les jardins
- installer son rucher dans une région où l'agriculture intensive n'est pas ou peu pratiquée. Recherchez les environnements sains (vergers non pulvérisés, jardins, jachères ...).

## Le varroa :

Cet acarien présent dans les ruches depuis les années 80 est le deuxième gros problème pour les apiculteurs. Il se reproduit très vite dans les alvéoles où les abeilles font leur nymphose. Le varroa connaît deux cycles de ponte pendant la durée de la nymphose.

Il a été introduit en Europe au départ d'Asie où il vit sur l'Apis Cerana.

L'acarien se nourrit de l'hémolymphe (liquide plus ou moins analogue au sang) de l'abeille. De ce fait, il affaiblit l'insecte et surtout pratique des portes d'entrées pour les virus présents dans la colonie.

La lutte contre le varroa est difficile. L'utilisation d'acaricide n'est possible qu'après la récolte du miel pour éviter de le contaminer avec les produits employés.

Durant la saison, l'apiculteur n'a à sa disposition que des techniques bio-dynamiques qui ralentissent le développement du varroa. Ces techniques sont efficaces quand elles sont utilisées régulièrement. Il est possible aussi d'utiliser la rupture de ponte pour combattre le varroa.

## Le frelon asiatique :

Le frelon asiatique est une espèce invasive qui est arrivée d'Asie à Bordeaux en 2004. Depuis, il progresse à travers la France au rythme de 100 km par an en suivant les cours d'eau.

Il consomme des mouches et des abeilles surtout en fin d'été et à ce titre est un prédateur impitoyable pour les abeilles qui sont incapables de se défendre.

Le frelon asiatique dont le nom scientifique est vespa velutina nigrothorax, construit des nids en papier en haut des arbres et est difficile à apercevoir et à détruire. En fin de saison, la colonie disparaît. Ce sont des reines fondatrices qui recommencent le cycle au printemps suivant.

Pour mieux connaître la biologie du frelon asiatique ainsi que les façons de lutter contre ce prédateur des abeilles, lisez l'article sur le frelon asiatique et les techniques de lutte.

## Le petit coléoptère des ruches :

Son nom scientifique est Aethina tumida. Il s'agit d'un coléoptère de 5 à 7 mm de long de couleur foncée. Il varie du brun foncé au noir. Ils pondent des œufs dans la ruche qui donnent naissance à des larves d'un cm de couleur blanc crème qui se nourrissent de miel, de pollen et de larves d'abeilles. Ces larves creusent des galeries dans la cire et sont à l'origine de dégâts importants. Les excréments laissés par les larves provoquent des fermentations.

Les larves quittent la ruche et s'enterrent pour former une chrysalide. Leur déplacement peut être de plusieurs mètres avant de trouver un terrain approprié pour s'enterrer jusqu'à 30 cm dans le sol.

Les coléoptères adultes peuvent voler sur plusieurs kilomètres et contaminer d'autres ruchers.

La présence du coléoptère des ruches est à déclaration obligatoire.

Pour éviter la propagation du coléoptère, il faut être prudent dans l'introduction de matériel de l'étranger.

## Les souris :

Pendant l'hiver, il arrive qu'une souris pénètre dans la ruche et fasse son nid dans le fond. Elle ne fait pas beaucoup de dégâts, mais elle dérange les abeilles.

Il est facile de se prémunir des rongeurs en installant la réduction d'entrée sur la ruche pendant la mauvaise saison.

## La fausse-teigne :

La fausse-teigne est une mite. Il en existe de deux espèces : la petite fausse-teigne et la grande. Elle a l'aspect d'un papillon aux ailes brun clair assez terne.

La fausse-teigne s'introduit dans les ruches où elle pond des œufs qui donneront naissance à des larves qui se développent dans la cire et creusant des tunnels. Les larves tissent aussi une toile. Normalement, une colonie en bonne santé parvient à se débarrasser de la fausse-teigne.

## Les pics :

Ce problème est plus gênant, car les pics font des trous dans la ruche qui, ainsi, n'est plus isolée. Les pics attaquent le nid pour manger les abeilles et les larves.

Pour se prémunir ce genre d'attaque, la seule solution est

d'empêcher les pics d'arriver aux ruches. Soit au moyen d'un rucher couvert, soit par une protection par des filets métalliques.

### L'homme

Le mode de vie actuel de notre société met à mal l'équilibre de la nature.

Nous consommons à outrance, nous polluons et nous détruisons la bio-diversité.

Regardez les cultures dans les champs pendant l'été. Vous verrez de grandes parcelles en mono-culture qui ont été aspergées à de multiples reprises. Plus aucune soi-disant « mauvaises herbes ». La nature devient un désert où les butineurs et, en particulier, les abeilles solitaires ne trouvent plus de quoi se nourrir.

De nombreuses herbes folles qui faisaient le bonheur des insectes ont disparus : plus de trèfle rouge, fini le sainfoin, les haies ont été arrachées lors des remembrements … Toutes ces fleurs qui donnaient une alimentation variée aux insectes ont été supprimées. Ajoutez-y l'effet des produits chimiques utilisés dans l'agriculture et vous comprenez pourquoi les abeilles souffrent.

Comme vous le voyez, les ennemis des abeilles sont nombreux et il est difficile pour certains d'entre eux de s'en prémunir. Si nous voulons avoir des colonies d'abeilles ailleurs que dans des conservatoires, il est important de prendre des mesures et de soutenir les apiculteurs.

## Que faire pour aider les pollinisateurs ?

C'est une question qui m'est souvent posée. L'abeille est utile et dispose d'un potentiel de sympathie élevé. Le public a compris que cet animal qui vit depuis 80 millions d'années est aujourd'hui menacé. On me demande souvent : « Que peut-on faire pour aider l'abeille ? ». Voici quelques pistes que tout le monde peut mettre en œuvre.

## Premier problème : les pesticides :

C'est le problème numéro 1. Les produits utilisés dans l'agriculture sont nocifs. Ces produits destinés à combattre les « ennemis » des plantes sont assimilés par les végétaux qu'ils sont sensés protéger et arrivent jusqu'aux fleurs que les abeilles butinent. Les insectes soit perdent le sens de l'orientation au contact de produits neurotoxiques, soit s'ils reviennent à la ruche, rapportent du pollen contaminé qui, à brève ou moyenne échéance, va empoisonner les larves d'abeilles et provoquer un effondrement du développement de la ruche au printemps.

Dans les deux cas l'effet sur la colonie est désastreux.

*Que pouvez-vous faire ?*

Signez les pétitions contre l'utilisation de pesticides dans l'agriculture. Ensuite, arrêtez d'acheter et d'utiliser des produits chimiques dans votre jardin. Des produits comme les désherbants sont toxiques et de plus cancérigènes.

Utiliser des moyens non chimiques pour désherber votre jardin.

## Deuxième problème : la perte de diversité :

Beaucoup de plantes disparaissent avec l'agriculture intensive, l'extension de l'habitat et le bétonnage à outrance. La préservation d'espace « sauvages » est un bienfait pour la flore et la faune.

Nous ne ferons pas marche arrière mais vous pouvez faire une chose. Plantez, plantez et plantez encore. De préférence, des espèces locales et surtout des plantes mellifères. Il y en a pour tous les goûts. Soyez conscient que vous pouvez faire de votre jardin un coin de nature préservée qui est un relais pour les insectes et autre petits animaux. Voici un échantillon d'espèces à planter qui sont mellifères :

*Des arbres :*

Cerisiers, pommiers, érables, tilleuls, châtaigniers, saules, robiniers faux-acacia, marronniers, amélanchiers, catalpas …

*Des haies :*

Aubépine, troène, érable champêtre, prunellier, lierre, chèvrefeuille … Les espèces mellifères ne manquent pas.

*Des arbustes :*

Noisetiers, buddleias – aussi appelé arbre à papillons – framboisiers, cotonéasters, groseilliers, framboisiers, mûriers …

*Des fleurs :*

Perce-neige, crocus, épilobe, fraisiers, menthe, bruyères, lavandes, asters …

Et si vous le pouvez, maintenez des terres en jachères avec pissenlits, boutons d'or …

## Agissez pour aider les pollinisateurs

### Installez un hôtel à abeilles

C'est facile à construire et si vous n'avez pas l'âme d'un bricoleur, achetez-le tout fait.

Quelques chevrons ou planches de bois assemblées. Forez des trous de différentes largeur entre 4 et 10 mm sur la profondeur de vos chevrons mais sans les percer. Ajoutez quelques pommes de pin, des tiges creuses.

Il vous reste simplement à le placer en plein soleil de préférence à l'abri de la pluie. Dès le printemps, vous verrez des abeilles solitaires venir pondre et puis cimenter l'orifice. Plusieurs œufs seront ainsi à l'abri et donneront naissance la même année ou l'année suivante à de nouvelles abeilles solitaires. Elles ne piquent pas et iront butiner pour sauvegarder l'espèce et assurer la pollinisation des fleurs.

## Faites-vous plaisir en aidant les abeilles

Achetez du miel artisanal chez un apiculteur. Il sera heureux de vous parler de ses avettes et vous dégusterez un produit sain, naturel et délicieux. Soutenez-le car l'apiculteur aide la nature.

# Conclusion

Nous voici arrivés à la fin de ce voyage dans le monde de l'abeille. J'espère que ce récit aura répondu à votre attente … et qui sait peut-être aurez-vous un jour envie de devenir apiculteur.

Ce n'est pas indispensable. Un de mes objectifs était de mieux vous faire connaître l'abeille, ses caractéristiques, les solutions originales qu'elle a développées au cours des millions d'années qu'elle a passé sur terre.

Elle a réussi à surmonter tous les dangers : les glaciations, la montée des eaux, les changements climatiques. Elle s'est implantée dans des milieux très différents, toujours avec succès.

Aujourd'hui, elle est en danger. Si vous en avez pris conscience, j'ai atteint le deuxième de mes objectifs.

Pensez-y quand vous voyez une abeille butiner dans votre jardin. Ne la chassez pas. Elle travaille pour vous en pollinisant les fleurs de vos arbres fruitiers. Si vous ne faites pas de grands gestes, elle vous laissera tranquille et passera son chemin.

Pensez aussi à profiter des produits merveilleux que l'abeille met à notre disposition : le miel mais aussi le pollen et la propolis.

Rappelez-vous qu'elle est en danger et si vous avez l'occasion, pensez à faire un geste pour la préserver. Son combat est aussi le vôtre.

# Autres livres de Patrick Olivier

*Apiculture Pratique au fil des mois – 2017*

*Bien débuter en apiculture – 2018*

Vous pouvez aussi suivre l'auteur sur son blog et s'abonner à sa lettre mensuelle d'information :

https://UnRucherauJardin.blogspot.com

Le plus grand soin a été accordé à la réalisation de ce livre. Si vous constatez des erreurs, des fautes ou des imperfections, n'hésitez pas à faire part de vos suggestions et commentaires à l'auteur qui en tiendra compte pour améliorer les futures éditions. Merci de les adresser à apilou20@gmail.com

ISBN 978-2-9602138-5-0

www.ingramcontent.com/pod-product-compliance
Lightning Source LLC
LaVergne TN
LVHW052050160826
845678LV00015B/3146

* 9 7 8 2 9 6 0 2 1 3 8 5 0 *